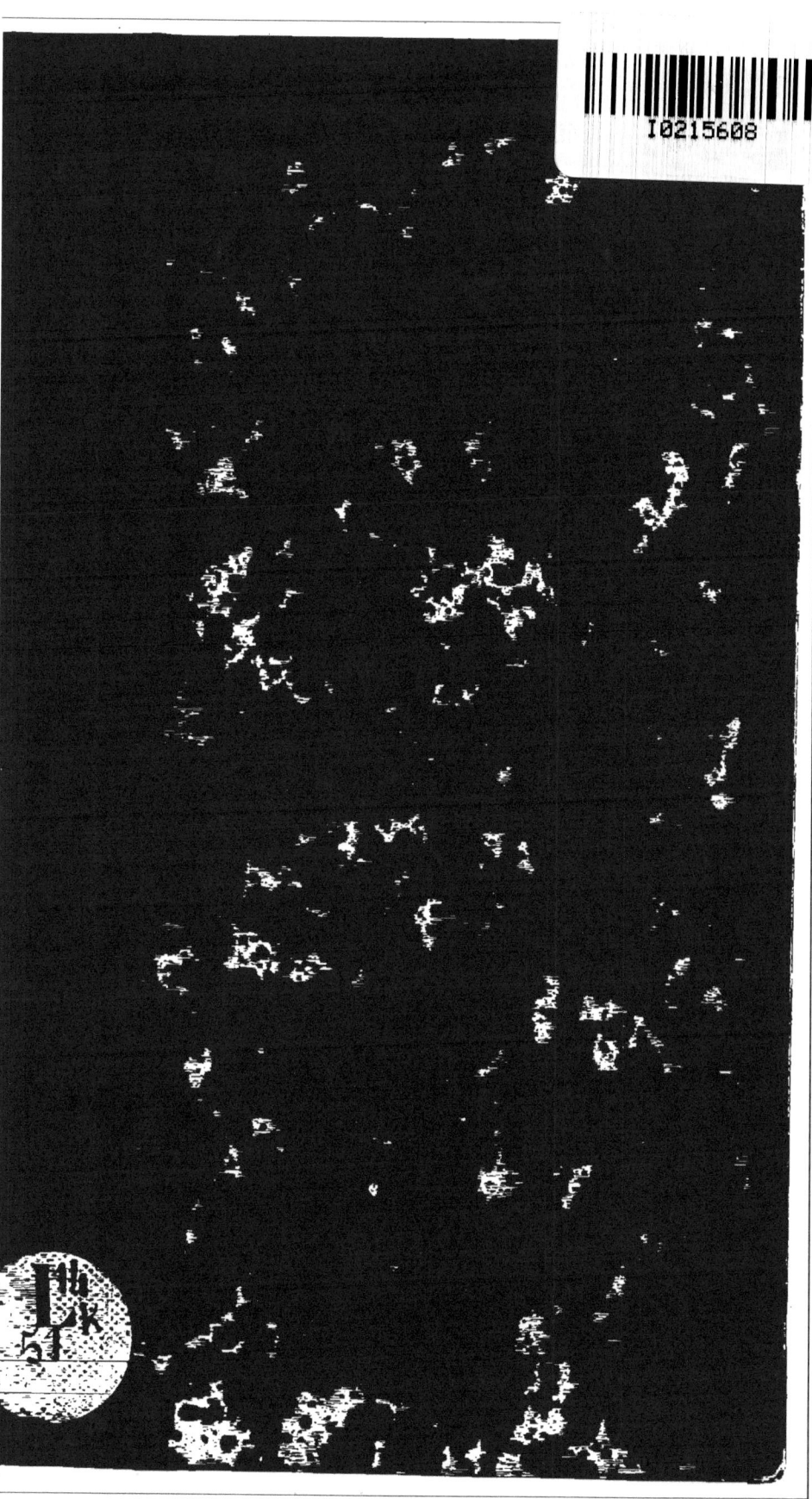

LK 51

INSTRUCTIONS
SUR
LES ETATS PROVINCIAUX
DU BUGEY,
VALROMEY ET GEX,
ET LA RÉPARTITION DES TAILLES
DESDITS PAYS.

Suivies d'une DÉLIBÉRATION de la Ville & Mandement d'Ambronay.

PAR M. ROUYER, Avocat.

L'ON ne peut révoquer en doute que le Bugey, réuni à la Bresse, n'ait eu anciennement des Etats, & que ces Etats n'aient eu une existence certaine lorsque les Comtes & les premiers Ducs de Savoie étoient Souverains de ces Provinces; mais l'Histoire ne nous a rien conservé de positif à ce sujet.

L'époque la plus reculée où nous trouvions quelques vestiges de nos anciens Etats, ne remonte qu'à l'année 1403 (A), qu'Amé VII Comte & ensuite premier Duc de Savoie, ayant fait l'acquisition de la Seigneurie de Villars, convoqua les trois Etats de ses Pays deça les Monts, en la Ville de Geneve, & en obtint de ses sujets, douze deniers gros par feu, pour fournir au payement du prix de cette acquisition.

L'Historien sur la foi duquel ce fait est rapporté, ne dit rien autre sur les anciens Etats de Bresse & du Bugey, si ce n'est qu'à différents tems & en différentes circonstances, les Ducs de Savoie firent plusieurs levées d'impôts sur leurs sujets de ces Provinces; mais il ne nous apprend point, si c'est après avoir consulté les Etats assemblés, & de leur consentement.

Le silence de cet Historien a fait croire, sans fondement, à un de nos Jurisconsultes (B), que les pays échangés contre le Marquisat de Saluces, n'ont point été réellement, sous la domination de leurs anciens Souverains, des pays d'Etats, dont les Assemblées aient été composées des Députés de l'Eglise, de la Noblesse & du Tiers-Etat; ou de quelque maniere que l'on puisse dire, que le peuple ait été représenté en corps; mais que s'il reste dans ces tems primitifs, quelques vestiges d'Assemblées, elles ne furent faites que pour honorer les Mariages ou les Traités des Princes, ou prendre conseil sur des affaires importantes.

(A) Guichenon, Histoire de Bresse, part. 1, chap. 19.
(B) Collet, Statuts de Bresse, part. 1, pag. 350, col. 2.

Quoiqu'il ne nous reste pas des vestiges bien certains de la tenue de nos Etats, sous les Comtes & les Ducs de Savoie, avant la Conquête que François I fit de cette Province, il y a cependant lieu de croire, d'après ce qui se passa aux Etats assemblés à Geneve, par Amé VII, que les levées d'impôts que firent dans la suite les Ducs qui lui succéderent, ne furent faites qu'en conséquence du consentement desdits Etats, puisque cette forme d'imposer les peuples de cette partie de leur souveraineté, étoit regardée comme constitutionnelle, ainsi que le prouvent les secours qui furent demandés en 1403, pour le payement du prix de l'acquisition de la seigneurie de Villars.

L'on trouve une preuve encore plus parfaite de l'ancienne existence de nos Etats, dans la demande que firent à Henri IV, la Noblesse & le Tiers-Etat de cette Province, dans leurs cahiers de l'an 1601 (C), d'être maintenus, & en tant que de besoin, réintégrés dans l'ancienne liberté *de la convocation & assemblée DES ÉTATS GÉNÉRAUX de la province, ainsi qu'elle souloit d'un tems immémorial, notamment sous les règnes de François de Valois, premier du nom, & de son fils Henri II, au tems qu'elle étoit à son obéissance,* disoit la Noblesse (D), *tout ainsi & au même ordre & maniere,* disoit le Tiers-Etat, *qui étoit gardé & observé du tems des Rois vos prédécesseurs, & dont ils ont usé auparavant, de tout tems & ancienneté* (E).

(C) V. le Stil. rég. de Granet.
(D) Cahiers de la Nobl. art. 3.
(E) Cahiers du Tiers-Etat, art. 3.

Cette preuve de l'existence de nos Etats avant le règne de François I & Henri II, mérite d'autant plus de confiance, que l'époque à laquelle la Noblesse & le Tiers-État du Bugey en réclamèrent la réintégration, étoit très rapprochée des tems antérieurs où ils existoient, & dont la mémoire ne pouvoit alors être tombée dans l'oubli, puisqu'il ne s'étoit écoulé que soixante & seize ans, depuis la conquête que François I avoit faite de cette province, en 1535, & que des témoins oculaires pouvoient encore attester ces faits.

Sous le règne de François I, & sous celui de Henri II, l'on voit nos Etats prendre une nouvelle consistance, & s'assembler de trois en trois ans, pour délibérer sur les subsides que ces Princes leur demandoient à titres d'octrois, & qu'ils ne leur accordoient que *volontairement, & sans y être tenus*, suivant les lettres-patentes qui en ordonnoient la répartition (F).

Après des faits aussi positifs, l'on ne peut nier que nous n'ayons eu anciennement le droit de convoquer les Etats Généraux de cette province : les Rois de France qui en firent la conquête, y trouverent établie cette forme d'administration ; s'ils ne la firent donc point contribuer aux impôts d'une manière arbitraire, c'est qu'ils reconnurent sans doute que sa constitution étoit de ne pouvoir être imposée que du consentement de ses Ordres ; que quoique provinces conquises, ces priviléges, dont la Bresse & le Bugey jouissoient sous le règne des Ducs de Savoie, devoient être sacrés pour leurs nouveaux maîtres ; & qu'il étoit de leur

———

(F) Guichenon, ibid.

justice, de les y maintenir. Aussi, l'assemblée des Etats qui eut lieu régulierement pendant le régne de ces Princes, & dont il existe encore des registres des Délibérations des années 1557 & suivantes (G), concourut beaucoup à *l'avancement* de leur *service*, & à maintenir le pays dans cet état de repos & de tranquillité, dont il ressentit les effets, pendant tout le tems qu'il fut sous leur domination (H).

En l'année 1559, le Duc Emanuel-Philibert étant rentré dans la possession de la Bresse & du Bugey, les Etats généraux continuerent à tenir leurs assemblées jusqu'en l'an 1564 (I).

Ce fut à cette époque, que ce Prince qui avoit établi, les années précédentes, des droits de gabelle sur le sel & sur les vins, substitua la taille à ce genre d'imposition; & *que s'etant ensuivie convention du peuple, avec lui, qu'il ne demanderoit plus aucune chose AUX ÉTATS, que ce que le peuple lui avoit accordé, l'on a depuis desisté de n'assembler lesdits ÉTATS* (K) Cette cessation continua jusqu'au tems où par le traité d'échange de 1601, nous passames de nouveau sous la domination Françoise.

Les assemblées de nos anciens *Etats généraux*, ne se bornoient pas uniquement à délibérer sur l'établissement & la répartition des impôts; nous voyons encore par les foibles lumieres que l'histoire nous laisse sur leur administration qu'elles embrassoient également

---

(G) Requête des Habitants de Bourg, pag. 16.
(H) Cahiers de la Noblesse, de 1601, art. 3.
(I) Guicheron, ib.
[K] Cahiers du Tiers-Etat, de 1601, art. 4. Cahiers de la Noblesse, art. 3.

ce qui pouvoit intéresser le bien public, & celui des particuliers.

C'est ainsi que Henri II ayant fait don à la Duchesse de Guize, & au Comte de la Chambre, des droits de lods qui étoient échus en Bresse depuis la conquête que son pere en avoit faite, les Etats lui représentérent par leurs Députés, que cette Province en étoit exempte par différentes déclarations des Ducs de Savoie, ce qui fut cause qu'il révoqua le don par les lettres-patentes du 28 février 1556 (L).

C'est ainsi encore que sur les représentations des Députés des mêmes Etats, ce Prince révoqua l'Édit de François I, qui avoit établi des tailles foraines en Bresse & en Bugey; & que par déclaration du 8 mars 1556, il déchargea *les gens des trois Etats*, de l'imposition foraine sur le pont de Mâcon, & des droits de tirage du sel le long de la riviere de Saone.

Nous voyons même nos anciens Etats, prendre part au Gouvernement politique, par l'adresse que le même Prince leur fit du manifeste qu'il publia le 13 octobre 1557, lorsque le Duc Emanuel-Philibert voulut faire une tentative pour rentrer dans la possession de ses Provinces: preuve incontestable de la confiance du Souverain, & de leur influence sur l'esprit des peuples. Et ce fut encore eux qui députérent auprès de ce même Prince, le seigneur de Feuillens, en 1558, lequel sollicita & obtint le pardon des sujets de ces Provinces qui avoient suivi le parti du Baron de Polviliers (M).

───────────────

[L] Guichenon, ib. chap. 54.
[M] M. Riboud, procureur du Roi au Présidial de Bourg, prononça un discours à l'assemblée générale du Tiers-Etat de

Telles étoient sous les Ducs de Savoie, & les premiers Rois de France qui furent souverains de cette Province, les constitutions de nos Etats : réunis de nouveau à la Couronne en 1601, ses Ordres demanderent à Henri le Grand, la confirmation de leurs priviléges; celui d'assembler les Etats, qui avoient cessé d'être convoqués depuis 1564, étoit sans doute un des plus précieux dont ils devoient réclamer,

---

Bresse, le 17 avril 1787, sur l'administration ancienne & moderne de cette Province, dans lequel il rappella succinctement, d'après l'histoire, (pages neuf & suivantes), les principales époques où nos Etats furent convoqués avant l'échange. Je n'ai fait que développer d'une maniere plus étendue, les mêmes faits, d'après la même histoire & sur le témoignage des cahiers de la Noblesse & du Tiers-Etat du Bugey, de 1601. Les bornes d'un discours n'avoient point permis à M. Riboud, d'entrer dans un plus grand détail; mais il y a ajouté des notes sur l'administration de sa Province: il y rappelle un grand nombre d'autres époques, où ces Etats furent assemblés, sous les Ducs de Savoie & les régnes de François I & Henri II, dans l'intervalle de 1403 à 1564, dernier terme de leur convocation. Les recherches utiles que M. Riboud a faites sur cette matiere, viennent à l'appui de celles contenues dans cet ouvrage; elles établissent sur-tout un fait bien important pour ces Provinces ; que si les Souverains, (comme je m'en suis déjà expliqué), leur demandoient anciennement des subsides pour des besoins d'Etat, ils reconnoissoient toujours que ce n'étoit *qu'une pure libéralité, & sans tirer à conséquence ;* (lettres patentes du 26 janvier 1759) *sans prejudice des droits des Etats*, (demande d'une gratification par Henri II, le 7 janvier 1556), pages 51 & 58. Mon principal but étant d'embrasser dans cet ouvrage, ce qui intéresse le Tiers-Etat, je ne parlerai point de la forme de l'administration des deux premiers Ordres; M. Riboud, dans son discours & les notes qui sont à la suite, en a donné les détails les plus étendus

& dont ils réclamerent en effet l'exécution (N); mais par malheur, il s'éleva de vives contestations entre la Noblesse & le Tiers-Etat, au sujet de la répartition des tailles & de la réduction des priviléges des Nobles, qui par une extension mal fondée, de l'Édit de Charles-Emanuel, de l'an 1584, qui exemptoit de la taille les Gentilshommes d'ancienne race, & pour leurs biens nobles seulement, prétendoient jouir d'une exemption sans bornes, ce qui fut cause que les Ordres s'isolérent, & que chacun présenta ses cahiers séparément (O). La discussion respective des intérêts opposés, alimenta & maintint leur division (P); & l'on doit regarder ce tems comme l'époque désastreuse où commença à s'opérer la décadence de la véritable constitution de notre administration provinciale.

Dans les principes de la division des trois Ordres, l'on conserva plusieurs formes de l'ancienne constitution; c'est ainsi que chaque Ordre dans ses assemblées générales, discutoit ses intérêts particuliers avec ceux qui concernoient le général du pays; c'est ainsi qu'ils formerent chacun un Conseil intermédiaire pendant la triennalité, Conseil à qui l'assemblée générale déterminoit un plan d'administration sur les affaires actuelles, & celles que l'on pouvoit prévoir pendant ladite triennalité, & dont il devoit rendre compte lors du retour de cette même assemblée.

Les Ordres, quoique divisés par des intérêts par-

(N) Cahiers du Tiers-Etat, art..... de la Noblesse, art...
(O) Requète du Tiers-Etat de la Ville de Bourg, pag. 17.
(P) Cahiers de la Noblesse & du Tiers-Etat, ib,

ticuliers. quoique votans féparément dans leurs affemblées générales, fe réunirent néanmoins pendant la triennalité par leurs Confeils intermédiaires, lorfqu'il s'agiffoit d'intérêts communs. Cette réunion s'eft ainfi effectuée jufqu'à préfent; & l'on feroit injufte, fi l'on ne convenoit que c'eft véritablement à cette même réunion, à qui l'on donne à jufte titre le nom *de concorde fraternelle* (Q), que cette Province eft redevable de plufieurs établiffements utiles, de plufieurs Loix, de plufieurs Arrêts du Confeil, qui ont confervé & étendu fes priviléges, & leur en ont même accordé de nouveaux.

Lors du retour de l'affemblée générale, chaque Ordre continuoit ou changoit à fon gré, les Repréfentans qu'il s'étoit choifis dans l'affemblée précédente. Les deux premiers Ordres ont confervé, fans aucune altération, cette forme conftitutionnelle de tous les pays d'Etat, & en particulier de ceux de cette Province; mais le Tiers-Ordre depuis un tems immémorial, a perdu le droit d'une libre Élection de ceux qui doivent être fes Repréfentans, dans l'intervalle de fes affemblées; les Membres de fon Confeil intermédiaire, font parvenus à rendre leurs places inamovibles, à la faveur d'une invitation qu'ils ont obtenu du Roi, à les conferver; & ils ont ainfi perpétué un Confeil qui ne doit être qu'électif & triennal (R).

(Q) Délibération de la Nobleffe de Breffe, du 20 feptembre 1788, page 2.

[R] L'on doit regarder comme un vice dans le régime, de ce qu'à l'exception d'un Syndic & d'un Confeiller, tous les Membres de la Commiffion intermédiaire, font de la capitale : le bien de l'adminiftration exigeroit fans doute que

Il étoit naturel que cet abus dût en entraîner d'autres, & celui qui a le plus porté préjudice au Tiers, est ce droit illégal que s'est ensuite arrogé son Conseil intermédiaire, de présenter lui-même aux places vacantes, & de s'associer ainsi des Administrateurs, sans l'intervention, sans le consentement, & sans participer d'avis avec l'Ordre assemblé.

L'on sent aisément que cette maniere d'élire les Représentans d'un Corps, est contraire à l'équité naturelle, & aux principes du droit Civil, qui ne permettent pas à la personne qui est elle même déléguée, d'en déléguer une autre; que les sujets ainsi présentés, peuvent quelquefois devoir leur élection à la faveur & à la sollicitation, que le Conseil actuellement en exercice, ne tient ses pouvoirs, & n'a pour commettant, que le Conseil qui l'a précédé, Conseil qui avoit été formé lui-même d'une maniere illégale, puisque le Corps assemblé n'y eût jamais aucune part; que dès le moment que le dernier Conseil, dont le choix avoit été son ouvrage, a abusé de ses pouvoirs, en se perpétuant lui-même, en privant ses commetant des droits d'une libre élection, le Tiers-Ordre a véritablement cessé d'avoir des Représentans (s)

---

le choix d'une partie en fut fait dans les différents Mandements. Le même vice existe en Bresse, aussi les Députés y demandérent, mais infructueusement, à l'assemblée de 1781, l'Election d'un Syndic & de trois Conseillers pris dans l'intérieur de la Province.

[s] Sur la réclamation générale de plusieurs Membres du Tiers-Etat de Bresse, son Conseil intermédiaire a pris une Délibération, par laquelle il renonce au droit de présenter aux places vacantes, & *le rend aux assemblées générales, qui seules peuvent constituer les Représentans du Tiers-Etat:* (examen du sieur des Orcieres). Cette marque de désinté-

Quelle peut être dans son principe, la cause de tous ces abus ? Par quelle fatalité a-t-on pu les tolérer si longtems ? Nous l'apprendrons de nos voisins (T). Liés avec nous par les mêmes constitutions, le même droit, le même usage, les mêmes priviléges, ils ont vu s'élever dans leur sein les mêmes abus; ils n'ont point craint de les dénoncer dans des Ecrits où respire le patriotisme, & cette liberté qu'inspire l'amour du bien. C'est dans un de ces Ecrits où nous lisons que le régime des pays d'Elections (U) joint au Gouvernement des pays d'Etats, se trouvant bientôt en opposition, détruisirent l'élasticité de la machine Politique; que les difficultés survenues dans l'Administration, dégoûtèrent les Administrateurs; que les Paroisses ne députèrent plus dans les Assemblées des chefs lieux de leurs Mandemens, & que ces assemblées devenues desertes, *des hommes entreprenans s'emparerent des Elections, & s'eleverent eux-mêmes en Deputés pour les Assemblées generales de la Province.*

Si l'on joint à ces causes la foiblesse du plus grand nombre des Assemblées Municipales; la direction des affaires communes, dont on cherche à rejetter le poids; les places des Syndics de Communauté, confiées

---

ressement & de patriotisme, a dû exciter la juste admiration de cette province : l'on ne doute pas que cet exemple, digne à tous égards des plus grands éloges, ne soit bientôt suivi par le Conseil du Tiers-Etat du Bugey.

(T) Requête des Habitans de Bourg, pages 18 & 19.

(U) Le Tiers-Etat, art. 8 & 10 des Cahiers de 1601, réclama contre l'établissement d'une Election de Belley, en demandant que la répartition des tailles fut faite par des gens choisis, nommés & élus pardevant les Magistrats, ce qui fut sans effet.

souvent à des personnes ineptes: le soin avec lequel s'éloignent des Assemblées des Paroisses, les Citoyens les plus en état d'y représenter, d'éclairer sur les intérêts de la Commune par des avis sensés; l'esprit de parti & l'intrigue que l'on ne voit que trop régner dans ces Assemblées, & qui y maintiennent le désordre & la désunion: l'on sera plus que convaincu, que la plupart des Mandements ne peuvent avoir ainsi aux Assemblées générales de la Province, que des Représentans incapables d'y porter des vœux utiles, d'y former des motions avantageuses, & de les soutenir avec la fermeté qui naît du véritable amour du bien public, la force des principes & la solidité du raisonnement.

La foiblesse des Assemblées générales, devient une suite nécessaire de celle qui s'est emparée depuis longtems des Assemblées des Mandements: à peine ces Assemblées sont-elles consultées sur les objets de l'administration; à peine la brièveté du tems qu'elles durent, leur permet-elle d'approfondir & de discuter les moyens. Les propositions que l'on y porte, y sont pour l'ordinaire plutôt suivies de la décision du Conseil intermédiaire, qui y a la plus grande influence, que de l'Assemblée même, qui n'a pas la force de la contredire, ou qui ne la contredit que légérement; & la gêne des opinions & des suffrages, y est portée à un tel point, que ses Membres n'ont pas la liberté d'y faire la moindre proposition, si elle n'a été envoyée au Conseil intermédiaire, au moins huit jours avant l'Assemblée (x).

---

[x] C'est ce que portent expressément les lettres de convocation, que le premier Syndic adresse aux Syndics de chaque mandement. Cet abus est le même en Bresse. V.

Le droit fondamental de toute Assemblée publique, celui par conséquent d'une Administration Provinciale, & qui tient le plus à la représentation des Corps & Municipalités qui la composent, est que les Membres puissent librement y porter les vœux qu'ils croyent être avantageux, soit à l'administration publique, soit aux intérêts particuliers de ceux qu'ils représentent. Ces vœux doivent être non seulement ceux dont leurs Commettans les ont chargés, mais encore ceux que peut suggérer la discussion momentanée des objets: l'assemblée qui doit les entendre, n'est fondée à les admettre ou à les rejetter, que lorsque le concours & le choc réciproque des opinions, ont fait éclore les traits de la lumiere & de la vérité. Cette gêne dans les suffrages aux Assemblées générales de cette Province, doit être regardée comme attentatoire au droit politique & constitutionnel; & l'autorisation qu'a obtenu le Conseil intermédiaire du Tiers-Ordre, à rejetter toute proposition, qui, huit jours avant l'Assemblée générale, n'auroit pas été soumise à son examen, est encore une extension de l'autorité dont il est dépositaire.

Les pouvoirs que les Assemblées générales ont transmis originairement à leur Commission intermédiaire, sont donc devenus entre ses mains, des pouvoirs sans bornes: des Administrateurs qui ne doivent naturellement régir que d'après les vœux & la sanction de leurs Commettans, se sont insensiblement érigés en arbitres suprêmes de l'administration; de maniere que ces Assemblées générales ont perdu toute leur force & toute leur énergie, & sont à peine aujourd'hui le simulacre de ce qu'elles furent autrefois;

avant que les principes eussent été méconnus, & les constitutions aussi souverainement altérées.

La preuve la plus forte de la foiblesse de nos Assemblées générales, est cette impossibilité où elles ont été jusqu'à présent, d'obtenir un compte détaillé par recette & dépense, de la régie de ses Administrateurs : cependant ce droit tient le plus à la propriété, c'est la réserve tacite d'une portion de l'autorité que transmet le propriétaire au tiers qui gouverne en son nom ; droit dont les Assemblées générales du Tiers-Etat de cette Province, jouirent autrefois dans toute sa plénitude; droit imprescriptible, dont aucun laps de tems n'a pu les dépouiller, & dans lequel il est de leur intérêt de demander à être réintégrées.

Pour établir la preuve juridique de ce droit, nous dirons que l'Assemblée générale du Tiers Etat du Bugey, ayant été tenue en la ville de Bourg, le 27 juillet 1657, il fut délibéré, sous le bon vouloir de M. le Duc d'Epernon, que les *Syndics du pays* rendroient leurs comptes de la dernière triennalité, pardevant le Lieutenant général au Bailliage de Bugey, en présence de trois Auditeurs qui furent nommés par l'Assemblée. Ce compte fut effectivement rendu ; comme l'on prétendit ensuite que c'étoit la Chambre des comptes de Bourgogne, qui devoit en connoître, les Syndics présentèrent leursdits comptes à cette Chambre, qui députa un Commissaire pour l'audition d'iceux ; mais les trois Auditeurs nommés par l'Assemblée générale du pays, se pourvurent par requête, aux fins *d'assister à l'examen desdits comptes, fournir des contredits nécessaires aux articles rapportés en iceux, le tout pour le bien & utilité dudit pays*, ce qui leur fut accordé par Arrêt du 13 juillet 1657 (Y).

Le droit d'entendre les comptes des Administrateurs, étoit avant l'échange, de la constitution de nos Etats, comme nous l'apprennent les cahiers de la Noblesse de 1601, article huit, dans lesquels cet Ordre réclamoit le privilége qu'avoient *les Elus*, d'assister, non seulement aux assietes & départements des tailles, impôts & subsides qui tombent sur le Tiers-Etat, mais même *à la reddition des comptes de tous deniers levés sur le peuple, qui se souloient passer en présence du sieur Bailli*. L'admission que fit la Chambre en 1657, des Auditeurs des comptes qui avoient été nommés par l'Assemblée générale du pays, étoit l'exécution d'un privilége auquel elle ne se crut pas en droit de contrevenir ; & si depuis l'échange, la Noblesse n'a pris aucune part aux comptes qui intéressent particuliérement le Tiers-Etat, on ne doit en attribuer la cause qu'à la division des Ordres qui s'effectua à cette époque, division qui fut, comme je l'ai déjà dit, la source des changements défavorables à la Province en général, & en particulier au Tiers-Ordre, qui se sont opérés depuis (Z)

(Y) J'ai pensé que l'impression de cet Arrêt, dont je possède l'extrait, pourroit être de quelque utilité : on le trouvera à la fin de ces Instructions.

[Z] Sous la domination des Ducs de Savoie, les comptes des Syndics des Etats se rendirent pardevant le Sénat, en exécution des lettres-patentes du 14 octobre 1561, qui « enjoignent audit Sénat de leur allouer toutes les sommes qu'ils » justifieront avoir été par eux levées pour les affaires desdits » pays, *ensuite des Délibérations & Ordonnances de l'Assemblée* » *des Etats*. (Notes à la suite du Discours de M. Riboud, p. 55).

J'ai présenté dans cet Ecrit, le tableau de nos anciens Etats généraux, sous les Comtes & les Ducs de Savoie ; j'ai demontré leur retour périodique, sous les régnes de François I & Henri II; j'ai parlé des circonstances dans lesquelles on les convoquoit, des causes qui donnerent lieu à leur cessation en 1564; j'ai fait voir que dans ces premiers tems, la forme constitutionnelle des Assemblées de ces Etats, étoit le concours des trois Ordres de la Province, qu'ils délibéroient unanimément sur la nature des impôts, leur qualité, la manière d'en faire la répartition entre les contribuables : j'ajouterai que suivant les principes d'administration adoptés par tous les pays d'Etats, ils nommoient une Commission intermédiaire & triennale, & que leurs Représentans étoient qualifiés du titre D'ELUS ou de SYNDICS DES ÉTATS (&).

Arrivé au moment de l'échange du Marquisat de Saluces, le tableau présente des nuances toutes différentes; l'on voit les Ordres de cette Province réclamer, il est vrai, avec une sorte d'énergie, en faveur des priviléges ; mais divisés d'intérêts, ils se désunissent. Cette désunion occasionne insensiblement plusieurs abus dans le Tiers-Etat; l'inamovibilité du Conseil intermédiaire, sa présentation arbitraire aux places vacantes, l'insouciance des différentes Municipalités & des Mandements; insouciance fatale, qui influe le plus sur les Assemblées générales : elle affoiblit les ressorts, rend nuls les droits d'une libre représentation, dérobe aux yeux de la Province, les comptes & la régie, & a pu faire naître plusieurs autres abus, qu'il seroit

---

(&) Cahier de la Noblesse de 1661, article 8. Cahiers du Tiers-Etat, article 12.

aisé

aisé de faire appercevoir, si l'on avoit une plus grande connoissance des détails de l'administration (*).

D'après cet apperçu des choses, l'on ne peut donc dissimuler qu'il ne soit du plus grand intérêt de cette Province, de s'occuper d'une réforme salutaire ; & c'est dans ce moment, où les peuples ont la liberté de se faire entendre, d'implorer la justice du souverain, en faveur de leurs priviléges & du retour de leurs constitutions antiques, & de les soumettre à l'examen & au jugement de l'Assemblée auguste de la Nation, qui promet le rétablissement de l'ordre public, & doit assurer pour toujours, le bonheur des Peuples, & la gloire de cet Empire.

Mais quelle est dans ces circonstances, la forme d'administration que nous devons adopter dans cette Province ? Doit-on préférer l'ancienne constitution de ses Etats, à la régie actuelle ; le Gouvernement mixte

---

[*] L'administration du Tiers-Etat est enveloppée, pour ainsi dire d'un voile mistérieux ; les Administrateurs ont seuls la connoissance des affaires négociales de la Province : cette connoissance qui devroit être publique, au moins quelque tems avant le retour de chaque triennalité, seroit du plus grand avantage, puisqu'elle pourroit procurer des lumieres sur plusieurs objets ; lumieres dont on est privé par le défaut de publicité des opérations triennales. L'on a senti vivement en Bresse, le bien qui résulteroit de cette connoissance, puisqu'en 1763, l'Assemblée générale du Tiers-Etat y délibéra, qu'au retour de chaque triennalité, les Syndics généraux enverroient avec la lettre de convocation, les Arrêtés de l'Assemblée précédente, & une note de ce qui auroit été fait sur chaque article. Cet Arrêté n'eut aucun effet ; l'on y revint à l'Assemblée de 1781, & j'appris d'un des Membres, que malgré qu'il y ait été renouvellé, il est resté jusqu'à ce jour sans exécution.

B

doit-il y subsister avec la division des Ordres, ou sans avoir égard aux formes anciennes ; doit-on soupirer après un nouveau régime ? C'est ce que je n'entreprendrai point de démontrer : un particulier ne doit point s'ériger en réformateur de l'administration ; il n'appartient qu'aux Ordres assemblés, de discuter d'aussi grands intérêts.

Cependant, s'il m'est permis de former des vœux pour le bonheur de ma Province, si comme Citoyen, j'ai le droit de les manifester, je désirerois de voir rétablir l'ancienne forme de nos Etats, avec les modifications que rendent aujourd'hui nécessaires les changements survenus dans nos loix & nos usages. Je verrois avec satisfaction, des Assemblées périodiques des trois Ordres réunis au sein de la capitale, former un Corps véritablement représentatif du pays en général, concourir par leur union & leur harmonie, au bien public. Je désirerois par-dessus tout, que les Mandements & Municipalités qui jouissent du droit de représentation aux Assemblées générales, prissent en considération la chose publique ; & qu'animés d'un zèle patriotique, ils ne fissent choix pour les représenter, que de personnes éclairées, & dépouillées de tout intérêt personnel, ou contraire au bien général.

Et si les Ordres assemblés penchoient pour la conservation du régime actuel, qu'alors le Tiers-Etat attaqua les vices de cette administration, quand à son Ordre, & rentra dans des droits imprescriptibles, dont il jouissoit autrefois dans ses Assemblées générales.

Mais si au contraire l'on jugeoit plus convenable de demander une nouvelle constitution, nos voisins fourniroient un beau modèle : l'on sent que je veux parler de la formation des Etats du Dauphiné, & du réglement qui a été arrêté pour ces Etats, dans le Conseil de S. M. Difons à la gloire de cette Province, que le plan en avoit déjà été formé dans fon Affemblée générale, que la fageffe avec laquelle il avoit été conçu, fur-tout quand à la repréfentation des Membres, à l'Ordre des Élections, leur renouvellement fucceffif & à l'organifation intérieure defdits Etats, lui a mérité une approbation entiere & fans modification de la part du Souverain: difons encore que plufieurs grandes Provinces, le Languedoc fur-tout, qui eft régi par des Etats particuliers, paroiffent vouloir renoncer aux anciens ufages qui conftituent leur Gouvernement politique, pour adopter l'adminiftration du Dauphiné. Ces régles peuvent être analogues à toutes les Provinces, & doivent l'être également à la nôtre, en y apportant les modifications, que la différence dans l'étendue, la population & la richeffe du pays, rendent néceffaires.

Au furplus, quelque détermination que l'on puiffe prendre fur la forme à venir de notre adminiftration Provinciale, le Tiers-Etat doit demander d'avoir un nombre de Repréfentans égal aux deux premiers Ordres, foit dans les Affemblées générales, foit dans la Commiffion intermédiaire. Pourroit-on encore trouver des contradicteurs dans la Nobleffe & le Clergé de cette Province, tandifque cette égalité vient d'être établie d'une maniere auffi folemnelle pour la formation des Etats généraux.

L'égalité de la repréfentation accordée au Tiers-Etat, eft une juftice due à un Ordre, fans lequel l'Etat ne peut fubfifter. Ils ne font plus, ces tems de barbarie & d'ignorance, où le droit de cité & de repréfentation, réfidoit exclufivement dans la Nobleffe

& le Clergé; où le reste de l'humanité avilie & dégradée dans le Tiers-Etat, gémissoit sous le poids de la tyrannie féodale : depuis plusieurs siécles, il obtient un rang dans le Gouvernement politique de la Nation. C'est depuis ce tems éternellement mémorable & consacré par la justice du Prince, qui brisa les fers de l'injustice & l'admit au rang des Citoyens, que délivré à jamais du mépris injurieux dont il étoit accablé, son ame a pris un libre essort, le germe de ses connoissances s'est développé, & qu'il a coopéré d'une maniere aussi efficace, par l'agriculture, l'industrie, le commerce, les manufactures, les arts libéraux, les sciences & l'étude en tous les genres, à la splendeur, à la richesse & à la félicité publique.

Cette égalité dans la représentation, que réclame le Tiers-Etat, est encore due au nombre, puisque la Noblesse & le Clergé réunis, composent à peine la vingtieme partie des habitans du royaume; & qu'au surplus, ces deux premiers Ordres n'envisagent plus d'un œil inquiet, cette équipondérance qui ne doit être dans les mains du Tiers-Etat, qu'un moyen de plus pour concourir au bien général, & non point des armes perfides pour nuire aux propriétés, & attaquer les priviléges fondés sur l'équité & la raison.

DE LA RÉPARTITION DES TAILLES.

La Bresse & le Bugey ne furent anciennement assujetis à aucunes impositions envers le Prince [bb]; ce n'étoit que pour des besoins d'Etat, comme je l'ai

---

(bb) Guichenon, part. 1, chap. 19.

dis plus haut, que ces provinces accorderent des subsides aux Ducs de Savoie, & des dons-gratuits à François I & Henri II. Ces priviléges d'exemption d'impôts eurent lieu jusqu'en l'année 1560, qu'Emanuel-Philibert, *à la grande foule & surcharge du public* [cc], fit ériger des greniers à sel, & établit en 1561, des droits de gabelle sur le sel & sur les vins, imposition à laquelle contribuerent tous les Ordres de la Province, ce qui eut lieu jusqu'en l'an 1564, que par Édit rendu à Lagnieu le 18 juillet de ladite année, ce droit de gabelle fut converti en une taille fixe, qui fut uniquement répartie sur le Tiers-Etat, & revint à environ neuf mille sept cent écus: cet impôt fut appellé *impôt de commutation*.

L'exemption qu'en obtint la Noblesse, fut une surcharge pour le peuple, qui réveilla l'attention du Prince, & donna lieu à l'Edit du mois de mars 1584, qui restraignit ce privilége aux Nobles d'ancienne race, & d'une Noblesse antérieure de cinquante ans (dd).

L'esprit de cette loi fut encore que les Gentilshommes qui avoient caractére suffisant pour jouir du privilége, ne devoient être exempts que pour leurs biens Nobles; mais que pour les autres biens, surtout quand aux Nobles qui n'étoient pas hauts-justiciers, ils devoient supporter l'impôt pour les biens roturiers par eux acquis depuis l'Edit [ee].

Il étoit naturel qu'à la faveur de ce privilége,

(cc) Guichenon, ib. Cahiers du Tiers-Etat du Bugey, 1601, art. 4.
(dd) Art. 3 de l'Edit.
(ee) Cahiers du Tiers-Etat du Bugey, art. 9.

tous les Nobles de ce pays prétendiſſent à l'exemption, & l'on ne tarda pas à voir naître des conteſtations entre les Gentilshommes & les Syndics de Communautés, dont pluſieurs furent jugées par le Sénat [ff]; cette Cour décida que les Nobles d'ancienne race, étoient les ſeuls qui devoient jouir du privilége : *nobiles ab antiquâ proſapiâ originem nobilitatemque trahentes*. M. le Préſident Favre, qui nous inſtruit de cette Juriſprudence du Sénat, nous apprend qu'elle y étoit affermie, *ita Sœnatus ſæpiſſime* : il en rapporte particulierement trois Arrêts; le premier rendu en faveur d'Annibal de Varax, contre les Syndics de Marboz ; le ſecond du mois de décembre 1592 : & le troiſieme du même mois & de la même année, contre les Syndics de Meximieux.

A l'égard de la nouvelle Nobleſſe, ce Magiſtrat nous enſeigne [gg] que le Sénat ne lui accordoit le privilége de l'exemption, que lorſque l'ancienneté de cette Nobleſſe, remontoit à cinquante ans avant l'Edit de 1584 : & il dit expreſſément que ce privilége ne s'étendoit point aux biens roturiers de nouvel acquêt, *multo minus liberandus eſt ab ea contributione cui obſtrictus fuerat plœbeius in cujus jure ſucceſſerit*; & que ce fut alors que les Nobles qui n'étoient point dans le cas de jouir de l'exemption, firent des abonnements avec les Syndics des Communautés, abonnements qui donnerent lieu à des abus, & qui furent expreſſément défendus par Edit d'avril 1593 (hh).

───────────────

[ff] Faber, *de munit. pat.* def. 3.
[gg] Ibid., def. 4.
(hh) Un de nos Juriſconſultes, aſſure avoir vu pluſieurs de ces abonnements ; Stat. de Breſſe, part. 1, pag. 258, art. 1.

La ceſſation de nos Etats en 1564, les troubles & les guerres qui déſolerent cette Province ſur la fin du ſeizieme ſiécle, donnerent lieu à l'extenſion de ces priviléges, rendirent ſans doute nulles les réclamations des peuples; mais enfin réunis à la Couronne en 1601, le Tiers-Etat préſenta ſes cahiers, & en demanda la reſtriction au juſte terme fixé par les anciens réglements du pays [ii].

Les Nobles demandérent auſſi de jouir d'une exemption ſans bornes, ſoit pour eux, ſoit pour leurs fermiers, ſoit pour les biens Nobles, ſoit pour tous leurs biens de roture [kk], ſous prétexte que leur condition devoit ſuivre celle de leur poſſeſſeur. Mais par un Réglement du 12 décembre 1602, il fut dit: que ſuivant les Ordonnances du pays, l'on comprendroit dans les rôles, les Annoblis depuis cinquante ans, & que toutes les lettres de Nobleſſe qui avoient été accordées depuis vingt ans, demeureroient révoquées. L'article quarante-un de ce Réglement, n'éxempte les Eccléſiaſtiques que pour leur ancien domaine ſeulement; & toutes ces diſpoſitions furent confirmées pour le Bugey, par une Déclaration de l'an 1634 [ll].

Voilà le dernier terme des Réglements ſur la répartition des tailles; quand aux priviléges d'exemption de la Nobleſſe du Bugey, ils n'ont été révoqués par aucune loi poſtérieure : cependant tous les Nobles jouiſſent aujourd'hui des ces priviléges, dans toute

---

(ii) Cahiers du Tiers-Etat du Bugey 1601, art. 4, 5, 6, 7, 8 & 9.
(kk) Cahiers de la Nobleſſe, art. 7.
(ll) Raviot, tom. 2, pag. 144.

leur plénitude, & le Tiers-Etat n'a pas encore eu la force d'en demander la reſtriction [mm].

Il exiſte aujourd'hui dans la Nobleſſe du pays, tout au plus dix familles de cette ancienne Nobleſſe, *Vaſſaux des Ducs de Savoie*, dont les ſervices rendus au Prince & à la Patrie, méritérent l'exemption portée par l'Edit de 1584. Le ſurplus de la Nobleſſe actuelle, eſt étrangere, provient des charges qui la donnent, ou de l'Echevinage de Lyon : cette derniere ſur-tout, qui a apporté avec elle l'opulence acquiſe par le commerce, a réuni au domaine de la Nobleſſe titrée de cette Province, dont elle eſt devenue propriétaire, une infinité de biens roturiers, dont la taille rejettée ſur le Tiers-Etat, eſt devenue une charge onéreuſe pour le peuple.

Les Pairs viennent de renoncer ſolemnellement aux priviléges qui exemptent la Nobleſſe d'une contri-

───────────

(mm) M. Gauthier des Orcieres dans ſes deux Ouvrages, & les Habitans de Bourg dans leur Requête, ont traité de l'exemption de la Nobleſſe, quand aux tailles, avec toute l'étendue & la préciſion dont cette matiere eſt ſuſceptible : l'on y voit que les fermiers de la Nobleſſe de Breſſe, en exécution d'un Traité de 1733, doivent avec des modifications jouir du même privilége : j'obſerverai qu'en Bugey ce privilége des Nobles eſt d'autant plus oppreſſif pour le Tiers-Etat, que leurs fermiers & metayers y jouiſſent ſans aucune reſtriction de la même exemption qu'eux ; il eſt vrai comme nous en inſtruit Ravior, tom. 2, pag. 134, que les fermiers des Nobles du Bugey n'y furent maintenus que parce que le Corps de la Nobleſſe rapporta pluſieurs commiſſions des Ducs de Savoie; mais tout au moins devroit-on n'accorder ce privilége, qu'aux fermiers des Nobles du Bugey, qui ont eux-mêmes les qualités requiſes pour en jouir, & admettre les modifications portées en Breſſe, par le Traité de 1733,

bution aux impôts ; cet exemple de désintéressement de la haute Noblesse, sera sans doute suivi par tout l'Ordre ; & plusieurs de ses Membres ont déjà manifesté à cet égard leurs vues patriotiques. La justice & l'humanité réclament en effet en faveur de l'égalité dans la répartition : cette égalité une fois rétablie, les trois Ordres ne seront plus divisés par aucun intérêt respectifs ; & par cette raison, ils concourront avec plus de fruit au bien de l'Etat.

Mais si la Noblesse conservoit encore ses priviléges d'exemption, c'est alors que le Tiers-Ordre de cette Province, dont les Représentans soutiendront les droits aux Etats généraux, doit redoubler d'efforts pour les faire réduire.

C'est à l'Assemblée de la Nation à prononcer irrévocablement sur cette grande & ancienne querelle qui troubla les Ordres sous le régne de Charles-Emanuel, qui produisit leur division & les isola lors de notre réunion à la Monarchie, qui fut pendant plusieurs années un objet de discussion, & qui, terminée pour toujours, conservera les priviléges qui seront reconnus incontestables ; mais réduira ceux qui ne doivent leur origine qu'à une extension injuste, & rétablira chaque citoyen dans ses droits.

  ROUYER, *Avocat en parlement.*

EXTRAIT des Régistres de l'Hôtel de ville d'Ambronay.

CE jourd'hui 8 février 1789, le Conseil particulier de la Municipalité & Mandement de la ville d'Ambronay en Bugey, ayant convoqué en l'Hôtel de Ville, à l'issue des vêpres, l'Assemblée générale des Habitants.

M. Rouyer Syndic de la Ville, & M. Sevoz Syndic des Hameaux qui dépendent de ce Mandement, ont dit : que pour remplir les vœux dudit Conseil & des principaux Habitants, M. Rouyer avocat auroit fait un Mémoire intitulé : *Instructions sur les États provinciaux du Bugey, Valromey, &c.*, pour être communiqué à cette Assemblée, & par elle pris tel parti qu'elle jugera convenable.

Lecture faite dudit Mémoire, l'Assemblée considérant que la connoissance de ce qu'il contient, ne peut être qu'utile à cette province en général, & en particulier au Tiers-État, a pris les Arrêtés suivants.

1°. Qu'il est constant que les pays de Bugey & Valromey étoient anciennement régis par des Etats formés du concours des trois Ordres.

2°. Que le régime actuel qui y a été substitué, présente plusieurs vices, dont les principaux sont ceux qui privent le Tiers-État dans ses Assemblées générales, de la liberté des Élections de ses représentants, de celle des motions, de la connoissance de la régie & des détails de l'Administration ; qui attribuent une autorité trop étendue à sa commission intermédiaire; vices qui naissent du peu d'intérêt que les municipalités & les mandements semblent prendre à la chose commune.

3°. Que c'est dans ce moment que l'on doit désirer une réforme, qui rétablisse les anciennes Constitutions; que cette réforme doit être l'ouvrage des États généraux, & que les moyens de l'opérer, sont d'inviter les mandements & les municipalités de cette Province, à prendre en considération les intérêts communs, & de ne se faire représenter que par les Citoyens les plus recommandables par leur honnêteté, leur probité & leurs lumières, pris dans le Tiers-État, & dépouillés de tout intérêt personnel, ou contraire au bien général.

4°. Que de quelque maniere que soit réglée l'Administration de nos États provinciaux, le Tiers-État doit demander que ses représentants soient en nombre égal à ceux des deux premiers Ordres, soit aux Assemblées générales, soit dans la commission intermédiaire.

5°. Que tous Privilèges, quant à l'exemption des Impôts qui tombent sur le Tiers-Ordre, doivent être révoqués; que s'ils étoient néanmoins conservés, ils doivent être restraints aux seuls Nobles du pays, d'ancienne race, pour leurs biens Nobles seulement, en exécution de l'Édit de 1584 & Arrêts subséquents.

Ensuite desquels Arrêtés, il a été délibéré que le Mémoire sera joint à la présente Délibération, & le tout imprimé aux frais de la Ville, pour en être envoyé, aux fins de servir d'instruction, un exemplaire, savoir : à S. A. S. Mgr. le Prince de Condé, Gouverneur de la Province, à Monseigneur de Villedeuil, Ministre & Secrétaire d'État, ayant le département du Bugey, à Monseigneur Neker, Ministre & Directeur général des Finances, & à Monseigneur l'Intendant, en les suppliant d'accorder leur protection aux habitants, & en particulier au Tiers-État des pays de Bugey & Valromey, & de remettre le tout sous les yeux de Sa Majesté; à Monseigneur l'Évêque de Belley, Seigneur de cette ville, au Conseil intermédiaire du Tiers-Etat, & à tous les Mandements & Municipalités de cette Province, avec invitation d'unir leurs vœux à ceux des Citoyens bien intentionnés, & de concourir par leurs lumieres & leur zèle patriotique, à tous les moyens qui doivent opérer le bien général, le repos & la tranquillité entre les Ordres.

Fait à Ambronay, dans la Salle de l'Hôtel de Ville, les jours & an que dessus.

Rouyer avocat en Parlement, Rouyer syndic, Sevoz syndic des hameaux, Magnin conseiller, Cointecourt conseiller, Bossu conseiller, ~~Blanc conseiller~~, seiller, Colliex avocat, Delaporte notaire royal, ~~....~~, Rouyer procureur d'office, Rouyer bourgeois, Volland chirurgien, Corsain trésorier de la ville, Bossu, Bonnet, Perrozet receveur de l'Hôpital, Rochaz aîné marchand drapier, Rochaz cadet marc. toilier, Tillier, Briel, Delouille, Lozier, Leignier marchand, Jacquel, Bossu, Lacraz aîné, Bellaton, F. Richer, Tillier, Veuillet, Lacraz cadet, Ribod, Brunod, Lurin, Leignier cadet, C. Tillier, P. Mermet, Perrod, Richer, Sevoz maréchal P. Tillier, M. Degruze, Depierre, Colin, Alabernade, Barbollat, Godefroy horloger, Cellime & Corsain secretaire.

Par extrait, Corsain secretaire.

Extrait des Registres de la Chambre des Comptes.

Sur la Requête de François Rouyer notaire royal à Ambronay, ayant charge de Jean-Claude Daviolet aussi notaire à Montréal, & Claude Jacquinet bourgéois de Seyssel, expositeurs que par Délibération prise en l'Assemblée générale tenue à Bourg le 22 juillet 1656, il auroit été délibéré, sous le bon vouloir de M. le Duc d'Epernon, que les comptes des premiers Syndics dudit pays, concernant leur négociation pendant leur derniere triennalité, seroient rendus pardevant le Lieutenant général, civil & criminel du Bugey, *en présence des Suppliants, nommés pour auditeurs*, pour y défendre & contredire, laquelle Délibération y auroit été approuvée par ledit Seigneur Duc d'Epernon, à la charge que les comptes s'en rendroient à la Chambre, à la maniere accoutumée : en conséquence de quoi M. Jean Courtois Avocat en Parlement, premier Syndic dudit Bugey, avoit présenté pardevant le Lieutenant général audit Bailliage, l'état de la recette & dépense par lui faite de la négociation des affaires du pays, pendant les années qu'il a exercé ladite charge, auquel état il auroit été procédé tant en recette qu'en dépense, par le sieur Lieutenant, *en présence desdits Auditeurs*. Mais comme ledit compte s'en devoit rendre à la Chambre, ledit M. Jean Courtois avoit fait signifier cédule audit Rouyer, le 4 du présent mois, par laquelle il lui déclaroit qu'il étoit prêt de faire voyage à Dijon, afin d'y présenter, faire clôre & apurer son compte de son Syndicat. Ensuite de quoi, par un soussigné fait entre lesdits Auditeurs, le 6 dudit mois, fut conclud que le Suppliant s'achemineroit incessamment en la ville de Dijon, pour fournir tous contredits nécessaires, tant auxdits comptes dudit Courtois, qu'à celui de M. Bonnier Syndics, lesquels ils soutiendroient ainsi qu'ils étoient rédigés & signés d'eux, & plus amplement s'il écheoit; à l'effet de quoi ledit Suppliant étant exprès en cette ville, & ayant appris que ledit M. Jean Courtois avoit présenté le compte de son administration, lequel auroit été distribué à M. Jean d'Aurage conseiller du Roi, maître en ladite Chambre, pour procéder à l'examen d'icelui, suppliant la Chambre lui permettre d'assister à l'examen dudit compte, fournir les contredits nécessaires aux articles rapportés en iceux, le tout pour le bien & utilité du pays, afin d'y être pourvu par la Chambre, sur le rapport du sieur Commissaire, ainsi qu'il appartiendra. Vu ladite Requête & piéces jointes à icelle.

La Chambre a permis & permet audit Rouyer, d'assister à l'examen du compte présenté par ledit Courtois, de la négociation de son Syndicat. Fait à Dijon, en la Chambre des Comptes, le 13 juillet 1657.

Signé DUMAY.

www.ingramcontent.com/pod-product-compliance
Lightning Source LLC
Chambersburg PA
CBHW061008050426
42453CB00009B/1313